# BOIS - ROSÉ

## SA VIE

ET

## SES EXPLOITS

## à ROUEN et à FÉCAMP

PAR

Mᵐᵉ EMILE GUEROULT

PRIX : **1** FRANC

HAVRE

Imprimerie T. Leclerc, cours de la République, 174.

1877

# BOIS-ROSÉ

Le portrait ci-contre a été reproduit par M. S. Clédat de Lavigerie
d'après une ancienne gravure de Jacopsen,
publiée dans la Revue de Rouen de 1842.

Henry Gauthier de Fescau, Gouverneur de Fescau, Sieur De Bois-Noel

# BOIS - ROSÉ

## SA VIE

ET

## SES EXPLOITS

à ROUEN et à FÉCAMP

PAR

EMILE GUEROULT

Prix : 1 Franc

HAVRE

Imprimerie T. Leclerc, cours de la République, 174.

1877

# PRÉFACE

Etant à Fécamp, j'allai visiter la bibliothèque de la ville, qui passe à juste titre pour très belle. J'y vis un portrait qu'on me dit être celui de Bois-Rosé. Ce nom, que j'avais déjà plusieurs fois entendu répéter, en même temps qu'une légende assez invraisemblable, éveilla décidément ma curiosité ; aussi est-ce avec un vrai plaisir que je me mis à rechercher tout ce qui se rattache à la vie du vaillant capitaine qui illustra Fécamp.

Je pense qu'il plaira à beaucoup de connaître cette histoire, qui est vraiment faite pour intéresser et même passionner tous ceux qui s'attachent au passé des lieux qu'ils habitent ou visitent.

Loin de moi la prétention de grossir la phalange des historiens ; j'avoue humblement que je n'ai pas la faculté de la plupart d'entre eux ; à force d'agrémenter et d'amplifier les choses, ils arrivent souvent à les dénaturer. Aussi ai-je tâché de raconter aussi complétement et aussi simplement que possible la vie de mon héros, ne m'appuyant que sur des faits certains.

J'ai tiré presque tout ce que j'avance du *Discours du Siége de la Ville de Rouen*, par le capitaine Valdory (1592) ; de la *Chronologie novenaire* de Palma Cayet (1608), et de l'*Édition originale des Mémoires de Sully*, imprimée au château de Sully en 1638 ; volumes presque uniques que j'ai trouvés dans la riche bibliothèque de Rouen. J'ai fouillé aussi tous les auteurs qui parlent plus ou moins de Bois-Rosé, pour n'y trouver qu'un fonds tiré d'un des livres cités plus haut, avec enjolivement de commentaires et de contradictions. Quelques-uns même mettent en doute les merveilleux faits d'armes du héros normand, ou du moins les prétendent exagérés de beaucoup. A ceux-là je répondrai que l'audace et le courage ne sont pas donnés à tous, et qu'un homme trouve toujours le compte de son orgueil en niant un acte que, dans les mêmes circonstances, il n'eût pas osé accomplir lui-même. Et il faut avouer que les héros sont rares : trop rares pour qu'on ne recueille pas précieusement tous leurs faits glorieux, qui serviront d'enseignement aux jeunes générations.

J'ajouterai que si l'on ne s'en rapporte pas aux historiens que j'ai cités plus haut, il n'y a plus d'histoire possible, car où ira-t-on chercher des preuves à l'appui de faits passés à une autre époque, si on récuse le témoignage des contemporains ?

Enfin, je dois de nombreux et précieux renseignements à la gracieuse obligeance de deux membres de la famille de Bois-Rosé : M. de ***, docteur en médecine à Paris, et M. Richer, juge de paix à Rouen.

.   .   .   .   .   .   .   .   .   .   .   .   .

J'espère que le lecteur fera bon accueil à mon travail, que j'avais entrepris pour le journal *La Hève*, dans lequel il a paru en une série d'articles qu'on m'a vivement engagée à réunir en brochure. Ainsi ai-je fait, après avoir soigneusement revu l'ouvrage. Puisse-t-il être lu avec quelque plaisir !

J<sup>ne</sup> GUEROULT

(née GRAFF).

# BOIS-ROSÉ

I

Henry Goustimesnil de Bois-Rosé serait né à Montivilliers, s'il faut en croire Morainville, le seul historien qui parle de sa naissance. (1) C'est en 1591,

---

(1) Montivilliers ne possède aucun renseignement à ce sujet, ni dans les archives de la mairie, ni dans la bibliothèque.

Je me suis aussi adressée à la Bibliothèque Nationale. Le bibliothécaire, M. Eugène d'Auriac, m'a gracieusement donné tous les détails qu'il possédait sur Bois-Rosé; mais rien sur sa naissance.

lors d'une prise d'assaut de la ville de Fécamp, faite par les ligueurs, parmi lesquels se trouvait Bois-Rosé, sur les royalistes, que pour la première fois on fait mention dans l'histoire de ce hardi capitaine. (1)

Nous le retrouvons en Novembre 1591, faisant partie du régiment de Monsieur de Crillon, gouverneur de Honfleur, et envoyé à Rouen pour secourir Villars assiégé par les royaux et l'aider à soutenir le siége. (2)

Villars mit Bois-Rosé dans le fort Ste-Catherine, « le vieil fort, » comme gouverneur. Celui-ci y fit travailler quinze cents hommes, nuit et jour, à la vue de l'armée royale ; si bien qu'au bout de trois semaines le fort était imprenable, muni et fermé de tous côtés. Bois-Rosé ne tarda pas à faire une sortie avec cinq cents hommes qu'il divisa en trois troupes ; et cela en plein jour, à deux heures de l'après-midi.

On se battait chaudement quand le maréchal de Biron arriva au secours des assiégeants, ce qui força notre héros à la retraite.

Mais comme il voulait faire emporter le corps d'un soldat qui avait été tué auprès de lui, Biron le fit

---

(1) D'après Fallue, *Histoire de Fécamp*.

(2) Tiré du Discours du Siége de la ville de Rouen, par le capitaine Valdory.

charger, et les combattants y mirent de part et d'autre tant d'opiniâtreté que le corps fut pris et repris cinq fois. Bois-Rosé fut enfin contraint à le quitter, ayant reçu lui-même une arquebuzade qui lui avait fracturé la jambe gauche ; et il fit la retraite au pas, faisant toujours combattre ses soldats, et allant sur une jambe, appuyé sur deux des siens.

Après cette sortie, Bois-Rosé fut mené en ville pour se faire plus aisément panser. Il fut remplacé au fort S^te-Catherine par le chevalier Picard.

En attendant sa guérison, le blessé « travaillait de l'esprit, puisqu'il ne pouvait rien faire du corps. »

Depuis sa blessure, il envoyait journellement une barque de dix-sept à dix-huit tonneaux, armée en guerre, faire des courses sur la rivière. Cette barque lui ramenait toujours quelques prises, et faisait descendre à deux ou trois lieues de Rouen quelques soldats, gens avisés, qui, feignant d'être de l'armée du roi, s'y glissaient, examinant et notant tout, et rapportaient l'état exact de l'armée assiégeante au sieur de Bois-Rosé.

Sur tous ces rapports, celui-ci ayant mûrement prémédité un dessein de sortie, se résolut à l'exécuter. Il se leva, se fit monter à cheval et alla trouver Villars, qui était à dîner au Vieux-Palais. Il le rencontra sur le pont-levis, sortant pour aller chez lui.

Ici je vais transcrire le récit de Palma Cayet — le style de ce temps-là a bien son charme ; — aussi je n'y changerai que l'orthographe qui est vraiment trop fatigante à force d'être barbare. Je commence :

## II.

« Villars, voyant Bois-Rosé, lui dit : Je m'étonne de vous
» voir ici en l'état en quoi vous êtes ; vous devriez vous tenir
» au lit jusqu'à ce que vous soyez guéri. — Bois-Rosé lui fit
» réponse : Le désir que j'ai de vous communiquer un des-
» sein que j'ai dans l'esprit me fait oublier mon mal ; afin
» d'en pouvoir résoudre avec vous, si vous voulez ensuivre
» mon conseil et me faire l'honneur de le croire, je vous ferai
» faire la plus brave et la plus généreuse acte qui ait jamais
» été faite en place assiégée. — Villars, qui avait toute sorte
» de créance en lui, et désireux de faire quelque acte signalé
» pour accroître sa réputation, le prit par la main et lui dit :
» Mon ami, il ne tiendra pas à moi que ne fassions quelque
» généreux exploit, j'ai fait tout ce temps passé plusieurs
» desseins et résolu de les exécuter, mais j'en ai toujours été
» détourné par mes capitaines. — Bois-Rosé lui dit : C'est à
» ce coup que vous ne les devez croire, et tenez pour tout
» assuré, qu'il n'y a que Dieu seul qui peut détourner ce des-
» sein, et crois fermement qu'il le permettra ; car exécutant
» ce que je désire, proposez-vous que l'orage seul tombera sur
» les huguenots. Monsieur, depuis que j'ai été blessé, j'ai fait
» toutes sortes de diligences pour apprendre les nouvelles de
» l'armée et ai fait en sorte que j'ai eu un état au vrai du nom-
» bre des hommes qui y sont, et particulièrement de ceux qui
» entrent en garde aux tranchées, combien de régiments en-
» trent en garde chaque jour, quel nombre de compagnies, et

» quelle quantité de soldats il y a à chacune; en voilà même
» l'état que je vous baille, voyez-le. — Villars le prit et le
» lut. — Bois-Rosé lui dit alors : Tout cela vous peut-il pas
» assurer de faire une sortie sur vos ennemis, tuer, prendre
» et raser toutes les tranchées, prendre et enlever les canons
» des batteries (acte qui ne s'est jamais fait par des assiégés).
» — Villars se prit à rire et lui dit : Mon ami, ôtez-vous
» cela de l'esprit, comme voulant dire : cela ne se peut faire.
» — Bois-Rosé lui dit encore : Monsieur, je le ferai, si vous
» vous résolvez à faire demain une sortie, la faisant l'escarre
» tombera sur le régiment huguenot de Pilles et Boisse qui
» entrent ce soir en garde, et ne peut avoir en cette garde de
» plus de huit cents hommes; vous en pouvez faire sortir
» deux mille pour les combattre, faire votre exécution et
» retraite devant qu'ils puissent être secourus; vous pouvez
» loger la nuit vos troupes dedans le fossé sans alarme à dix
» pas de leurs logements, et par ce moyen ils seront aux
» mains premier qu'ils aient loisir de prendre les armes, et,
» pour moi, j'irai avec ma compagnie droit au canon de la
» première batterie, cela fait, si j'ai le temps j'irai à l'autre,
» et y ferai le semblable. — Villars ne put s'empêcher de
» rire de voir Bois-Rosé si passionné, et comme il parlait. —
» Mais Bois-Rosé le voyant rire lui dit : Vous vous moquez
» de m'ouïr parler de l'artillerie; j'aurai revanche, mais que
» le coup soit fait, et je m'assure que vous m'en saurez gré.

» Villars lui dit : Si votre jambe ne vous fait pas trop de
» mal, je serais bien aise que vous vinssiez avec moi au
» fort, afin de vous faire voir le lieu où sont logés les enne-
» mis, et sur le champ résoudre avec vous de ce qui se peut
» faire. — Bois-Rosé lui dit : Allons, allons, Monsieur, là où

» il vous plaira ; je ne me sens nul mal ; le désir que j'ai de
» voir l'exécution de ce brave dessein me fait tout oublier.

» Ils montent au fort. Par le chemin, ils discourent quel
» nombre d'hommes il conviendrait faire sortir ; en combien
» de troupes ; les lieux où il fallait les loger : dont ils demeu-
» rèrent d'accord du tout.

» Étant arrivés au fort, Villars lui montra les tranchées,
» les logements des Royaux de la pointe du bastion de Thu-
» ringe et généralement tout ce qui s'était fait depuis sa
» blessure ; cela fait, ils se retirèrent à part dans une cham-
» bre, où ils discoururent de toutes les difficultés qui pour-
» raient arriver, qui furent soudain résolues, de manière que
» Villars résolut d'entreprendre la sortie, voyant de l'œil la
» facilité qui y était et même que ce dessein se pouvait
» exécuter sans péril.

» Il fait appeler les sieurs de Quitry, La Lande, Peri-
» card, Canouville, Grosmesnil, Perdrier, Boniface, et quel-
» ques autres, auxquels il fit entendre le dessein que lui
» avait proposé Bois-Rosé, sans leur dire la résolution qu'il
» avait prise. Tous, en général, y contredisent, les uns disant
» une raison et les autres une autre.

» — Quel besoin avez-vous, Monsieur, lui dit un d'entre
» eux, de hasarder aucun combat ; vous êtes à la veille d'être
» secouru ; tous combats sont douteux, vous êtes plein d'hon-
» neur d'avoir soutenu un si long siége. Si vous faites cette
» sortie, et que les ennemis en soient avertis, ils se rendront
» si forts que, se mettant avec vos hommes, ils entreront
» pêle-mêle, et prendront votre place.

» Bois-Rosé prit la parole et dit : Monsieur, si vous
» croyez tel avis, vous ne ferez jamais rien qui vaille la

» peine d'en parler. Que s'est-il fait en ce siége digne de
» mémoire? Vous avez gardé un rempart et le fossé de votre
» place; n'y a-t-il eu que vous au monde qui aie fait cela?
» Pour le hasard de la sortie, il ne peut y en avoir en se gou-
» vernant comme l'on le peut faire. La faisant, il se fera ce
» que jamais assiégés n'ont fait jusqu'à présent. Tout ce qui
» s'est jamais fait par des assiégeants aux sorties qu'ils ont
» faites, ça été de faire abandonner les tranchées, et tuer et
» prendre ce qui leur a fait résistance, prendre les enseignes,
» enclouer quelques pièces d'artillerie, et brûler les poudres
» qu'ils ont trouvées. Il faut faire davantage, il faut prendre
» le canon, je l'ai promis, et je le ferai.

» A ces mots, ils se prirent tous à rire, comme croyant
» que cela était impossible.

» Bois-Rosé s'ennuyant d'être si longtemps là (pour sa
» plaie qui lui faisait extrêmement mal), dit à Villars :
» Monsieur, permettez-moi que je me retire à mon logis, et
» ne croyez, je vous supplie, tels avis : je vous conjure au
» nom de Dieu de ne changer de résolution.

» Villars le prend par la main et lui dit tout bas : Mon
» ami, je le ferai, quoi qu'il puisse arriver; si tout réussit
» selon notre intention, vous et moi en aurons l'honneur.

» Bois-Rosé lui dit : Monsieur, tout l'honneur vous en
» demeurera; je me contenterai que l'on die que je suis
» auteur du dessein, et seul de votre avis, et d'avoir pris le
» canon.

» Ce discours fini, Bois-Rosé se retira chez lui, et Villars
» envoya tous ses capitaines en leur logis pour souper, et
» leur enjoignit de le venir trouver sur les trois heures après

» minuit et avec leurs armes et leur dit qu'il était résolu,
» si l'occasion se présentait, d'exécuter cette entreprise.

» Une heure avant le jour, le sieur de Guitry vint trouver
» M. de Villars, auquel il fit entendre qu'il avait opinion que
» les Royaux étaient avertis de son entreprise, d'autant qu'à
» chaque moment ils demandaient à ceux qui étaient en garde
» quelle heure il était, et qu'ils s'étonnaient que l'on ne
» faisait point de sorties, et s'il ferait bientôt jour.

» Ce rapport mit Villars en quelque doute que son
» entreprise ne fût découverte, ce qui le fit envoyer le
» sieur de Fel sur la pointe du bastion vers Thuringe, pour
» apprendre s'il y aurait apparence ou quelque vérisimilitude
» que les Royaux se doutassent de leur entreprise.

» De Fel ayant demeuré quelque espace de temps
» entendit un des soldats de l'Union qui se mit à parler avec
» un de ceux du Roi, car ils étaient si proches l'un de l'autre
» qu'il n'y avait qu'un sac de toile plein de terre entre eux;
» et, entre autres propos, ils en tenaient de pareils que ceux
» qui avaient été rapportés par Guitry. Lors, de Fel prenant
» la parole dit au soldat royal : « Pour le présent on n'a pas
» moyen de faire des sorties, vu les fatigues supportées par
» les gens de guerre depuis quatre mois; mais que s'ils
» étaient aussi gaillards comme au commencement du siége,
» on ne vous laisserait pas si longtemps en repos et vous
» irait-on voir plus souvent. » A quoi le soldat royal ne fit
» aucune réponse; de quoi de Fel prit bonne opinion et s'en
» vint trouver de Villars et lui dit, qu'il n'y avait aucune
» apparence que les Royaux eussent eu avis de son entreprise.

» Sur ce rapport, Villars commença par faire préparer
» un chacun; il envoya dire à Bois-Rosé qu'il se tînt prêt

» pour satisfaire à ce qu'il lui avait promis de prendre le
» canon. Il donna charge au maire la Londe d'avertir les
» douze capitaines de la ville, de tenir quelque nombre de
» leurs bourgeois prêts de marcher au lieu et heure qu'il
» leur ferait ordonner, ce qu'il fit sur les cinq heures du
» matin, leur faisant commandement de conduire à heure
» présente vingt-cinq arquebusiers à la porte Saint-Hilaire,
» auquel lieu il se trouverait, afin de commander ce qui
» serait à faire, à quoi chacun d'eux obéit.

» Au bruit qui courut dans la ville que l'on voulait
» faire une sortie générale, non-seulement tous les gens de
» guerre, mais les bourgeois se mirent tellement en armes,
» qu'il en monta plus de deux mille au fort; et le sieur de
» Villars fut contraint d'envoyer dire au capitaine qui était
» en garde à la porte Martainville de ne laisser passer
» aucuns bourgeois et de les renvoyer chacun en son quar-
» tier; le maire la Londe, en ayant fait sortir quelques-uns
» par le guichet de la porte Saint-Hilaire, envoya les autres
» border les murailles.

» Sur les sept heures du matin, après que le sieur de
» Villars eut fait tirer un coup de canon pour signal à cha-
» cun de donner où il avait ordonné, le capitaine Boniface,
» avec son régiment de gens de pied, soutenu des compagnies
» du chevalier d'Oise, la Bracquetière et la Rivière, étant
» à pied avec la cuirasse et le casque en tête, sortirent du
» fort par le fossé du côté de la rivière regardant Thuringe.
» Le capitaine Jacques avec son régiment et compagnie de
» gens de cheval étant aussi à pied, par le côté regardant
» les Chartreux et Darnétal. Et le sieur de Bois-Rosé avec la
» compagnie de gens de pied, le capitaine Péricard dit

» la Lande, avec son régiment, par le flanc du vieil fort,
» soutenus par Canouville et Guitry avec leurs compagnies
» de cavalerie, étant aussi à pied avec la cuirasse et le casque
» en tête ; et le capitaine Perdrier seul avec la compagnie de
» gens à cheval, ordonnée pour tenir ferme à ce que la retraite
» fût plus aisée.

» Le sieur de Bois-Rosé, tirant droit à l'artillerie plantée
» au front du vieil fort, commença à renverser gabions et
» barricades, et à chasser les Royaux qui y étaient en garde,
» ayant tué tout ce qui voulut résister, cependant qu'il
» poursuivait ceux qui fuyaient, les autres qui le suivaient
» tuèrent tout ce qu'ils rencontrèrent, et gagnèrent cinq
» grosses pièces de canon qu'ils amenèrent (aidés de quelques
» gens de travail) avec cordes et à force de bras jusque sur
» le bord du fossé du vieil fort et en enclouèrent deux autres.
» Cependant les capitaines Boniface, Jacques et la Lande de
» leur part tuaient tout ce qu'ils rencontraient dedans et
» dehors les corps de garde et tranchées, renversant et
» culbutant par la plaine les gabions et barricades et mettant
» le feu à la plus grande partie des logements. Ils furent,
» depuis les sept heures du matin jusque sur les neuf heures,
» en cet exercice, qu'ils furent forcés de se retirer par le
» maréchal de Biron qui était logé à Darnétal, et lequel sur
» l'alarme qui se donna arriva au secours avec nombre de
» cavalerie et infanterie.

» Ce combat fut long et furieux ; les Royaux, outre la
» perte de cinq canons, perdirent une enseigne et cinq cents
» hommes sur la place. Entre les morts se trouvaient de
» remarque le marquis d'Epinay et le frère du sieur de Pilles ;
» de prisonniers : les maîtres de camp de Boisse et de Pilles.

» Les assiégés n'y perdirent que quarante hommes. Sur
» l'après-dînée, une trêve de deux heures fut accordée pour
» reconnaître de part et d'autre les morts, laquelle finie les
» Royaux recommencèrent à tirer quelques volées de canon
» contre le vieil fort, ce qu'ils continuèrent quelques jours
» suivants. »

C'est le Mercredi 26 Février 1592 qu'avait lieu
cette audacieuse sortie que Bois-Rosé avait eu tant
de peine à faire décider et qui eut un si complet succès.

### III.

Six jours après, c'est-à-dire le 4 Mars, M. de Villars fit sortir par la porte Beauvoisine le capitaine Bois-Rosé, accompagné de vingt-cinq à trente cuirasses, gens bien montés et armés. Le hardi capitaine était résolu de passer — et il le fit — au travers de l'ennemi avec sa petite troupe, « *pour affaires d'importance* » dit Valdory, capitaine ligueur auquel on peut se rapporter, car il assistait au siége de Rouen et écrivait jour par jour ce qui s'y passait.

Cette date du départ de Bois-Rosé est très importante en ce qu'elle sert à fixer un point resté indécis jusqu'ici, relativement à la prise du fort du Bourg-Baudouin, à Fécamp.

. . . . . . . . . . . . . . . . . . . . . . . . . . . . . . . . . . . . . . . . . . . . . . . . . . . . . . .

Nous arrivons maintenant à l'expédition la plus hardie de notre vaillant héros : l'ascension de la falaise de Fécamp. Ce fait, traité de légendaire par la plupart, est exactement vrai, — je n'en veux pour preuve que l'unanimité des historiens de l'époque à le citer ; — seulement ces derniers ne sont pas d'accord sur un point important.

Sully dit que Bois-Rosé enleva le fort du Bourg-Baudouin aux Royaux ; Palma Cayet prétend, au contraire, que ce fort fut pris à la Ligue. De Thou (1), lui, raconte, dans une histoire bien étrangement tournée, que « Bois-Rosé écrivit au duc de Mayenne » qu'il ne s'était porté à cette entreprise que pour » la sûreté publique, pour se mettre à couvert des » insultes d'un homme violent et emporté (Villars), » et qu'il n'en serait pas moins attaché à la Ligue. »

Nos contemporains, dans les différents écrits sur la Normandie et Fécamp, se rapportent indifféremment à l'une ou l'autre de ces versions. Pour moi, j'admets tout-à-fait celle de Sully, par cette raison bien simple que nous voyons, le 4 Mars 1592, *Villars faisant sortir Bois-Rosé de Rouen pour affaires d'importance.* Or, Villars, qui connaissait et avait pu apprécier la courageuse audace de notre héros, devait être nécessairement au fait de son projet, de cette *affaire d'importance* que Bois-Rosé mit huit mois à entreprendre et qu'il exécuta le 10 Novembre 1592.

En écrivant cet épisode si émouvant, si dramatique, je risquerais fort de tomber dans un travers

---

(1) *Histoire de France* de De Thou, tome VIII, livre CIII, page 119.

commun, travers qui consiste à *broder* considéra-
blement les faits qui plaisent et intéressent. J'éviterai
cet écueil en transcrivant littéralement Sully. — Que
le lecteur me pardonne et commence sans trop d'ennui
une lecture fatigante d'abord, mais qui bientôt lui
paraîtra captivante et l'attachera certainement plus
que ne pourrait le faire mon style le plus fleuri.

# IV.

ECONOMIES ROYALES

DE SULLY

AFFAIRES MILITAIRES ET D'ESTAT

CHAPITRE XLIII.

*Voyage du Roy à Mante et à Dieppe. — Motifs de la guerre d'entre Monsieur de Villars et le sieur de Boisrozé. — Surprise admirable du fort de Fescamp.*

« Pendant vostre voyage à Bontin, et le séjour que le Roy fit à Melun et à Fontaine-bleau, il c'estait tenu encor deux conférences à Andrefy et à Milly, desquelles nous ne disons rien dautant que vous ny eustes nulle part, à la fin desquelles le Roy s'en alla à Mante et de là à Dieppe pour assister le Sieur de Boisrozé auquel Monsieur de Villars durant vne si douce trève menoit vne fort dure guerre, dont nous avons estimé vous devoir r'amenteuoir les motifs, tant pour ce que depuis vous vous meslates des affaires de ce Fort de Fescamp dont il estoit lors question, et vous pensa estre cause d'un grand accident quand vous fistes quelque temps après le traitté de Roüen, que, Boisrozé fut depuis des gentilshommes de vostre suite et vostre lieutenant en l'artillerie, que pource qu'en cette narration il s'y rencontrera plusieurs accidents notables et dignes de n'estre pas oubliez.

» Vous vous souviendrez donc, Monseigneur, afin de prendre les choses dès leur origine : comme Monsieur de Biron assiegea et prit le fort de Fescamp sur ceux de la Ligue, dans lequel s'estant trouvé le susnommé sieur de Boisrozé, avant que d'en sortir il remarqua si bien sa situation maritime et toutes les advenües d'icelle qu'il se forma dès-lors en l'esprit vn dessein de la reprendre vn jour. (1)

» Et de fait ayant pratiqué depuis deux soldats, qu'il trouva moyen de faire jetter parmy ceux de la garnison, et les ayant bien instruits de ses intentions, il fit une entreprise sur ce fort par vn moyen que chacun eust estimé impossible, si l'exécution n'eust verifié le contraire : d'autant que le lieu par ou il l'a désigna est un rocher haut de cent toises, couppé en precipice, le pied duquel estoit ordinairement baigné de vagues et flots de la mer de plus de deux toises de haut, reservé quatre ou cinq fois l'année, au temps des plus basses marées que durant quatre ou cinq heures seulement, quelques fois la nuit et quelques fois le jour, la mer laisse quinze ou vingt toises de diamèttre à sec au pied d'iceluy, l'une desquelles opportunitez le dit sieur de Boisrosé, ayant choisie et fait accomoder auparavant vn gros cable (qu'il vous a fait veoir plusieurs fois depuis à Roüen) de hauteur convenable pour le roc qu'il vouloit gravir, et à iceluy d'espace en espace fait

(1) Ce fort était situé sur la Côte de la Vierge, près de l'endroit où se trouvent aujourd'hui le Phare de Fécamp et la Chapelle de la Vierge.

faire des nœuds pour se tenir des mains, et des estriers de corde avec de petits bastons, pour y apposer les pieds il r'assembla cinquante soldats des plus determinez de sa cognoïssance, la plupart matelots qui grimpent aux hunes, lesquels il avait esprouvez en plusieurs périls et avec iceux s'embarqua dans deux chaloupes et vint en vne nuict (qui par bonne fortune se rencontra fort noire) aborder au plus près de ce roc que la basse marée luy peust permettre : sur le haut duquel l'vn des deux soldats de la garnison qu'il avait gaignez logeait ordinairement, comme en vn lieu dont l'on ne se fust jamais desfié, et depuis six mois avait accoustumé de s'y rendre toute la nuict à toutes les basses marées pour y entendre le signal, auquel il ietta aussi-tost vn menu cordeau de longueur suffisante au bout duquel fut soudain attaché celuy du gros cable que le soldat tira incontinent à mont, et ayant attaché vne agraffe de fer qui y estait à l'entre-deux d'une cannonnière avec vn gros levier, aussi-tost le sieur de Boisrozé fit monter l'un des deux sergens de ces cinquante auquel il se fiait le plus, et l'ayant fait suivre par tous les autres, il monta lui-mesme le dernier afin que nul ne s'en peut desdire, et qu'il leur servist de chasse-avant.

» Or pendant le temps qui c'estoit employé à tous ces mystères, à s'agencer tous cinquante sur cette corde et à monter les vns après les autres avec leurs armes qu'ils s'estaient liées au corps, la marée avoit commencé de revenir, voire estait des-ja remontée près de six pieds contre ce rocher que ledit sieur de Boisrozé et les cinquante soldats n'estaient encore qu'à la moitié d'iceluy. Estans donc ainsi pendus et comme enfilez à ce cable il ne leur restait plus nulle espérance de salut que par la prise de la place, de laquelle Bois-

rozé pour son regard ayant vn courage intrépide et résolu
à s'en rendre maître ne doutoit nullement, lors que son sergent
qui montoit le premier (soit à cause de l'extrême hauteur ou
il estait parvenu, soit pour le grondement et tintamarre furieux
que demenoient les flots et les vagues impétueuses de la
mer contre cette roche bise) commença de s'effrayer et à dire
qu'il n'estait plus en sa puissanse de monter plus et que la teste
lui tournait, ce qui estant r'apporté de bouche à autre iusques
audit sieur de Boisrozé, et luy voyant que quoi qu'il luy
eut peu mander il n'avançoit point il prit la résolution d'y
aller luy-mesme, et ainsi passant par dessus les corps et les
testes de tous les compagnons suspendus en l'air: il parvint
iusques à luy et le r'asseura aucunement, et puis le poignard
à la main le contraignit de continuer à monter, tant qu'enfin
le iour estant fort prochain, ils entrèrent tous cinquante sur
ce haut rempart sans aucun inconvénient, bruict ny alarme,
ou estans receu par ces deux soldats et coynoissant tous les
estres et advenües du fort, ils surprirent facilement le corps
de garde, et les sentinelles qui estaient de l'autre part devers
le bourg (ne se faisant d'ordinaire nulle garde du costé de la
mer, à cause de l'extrême hauteur du rocher qui le foisoit
estimer du tout inaccessible) et les ayant taillés en pièces,
ensemble tout ce qui vint piece à piece au secours, il se rendit
finalement maistre de ce fort, deqoy il advertit aussitost monsieur de Villars, tant afin qu'il luy envoyast gens pour se sai-
sir du bourg, et le pouvoir garder pour s'asseurer du gouver-
nement de la place, qui estait dans l'estenduë de sa charge.
Mais estant quelque temps après entré en mauvais mesnage
avec luy et encor plus avec le commandeur de Crillon, crai-
gnant que l'vn ou l'autre le privast de ce qu'il s'estait acquis

avec tant d'industrie de labeur et de péril : il se donna du tout
au Roy environ le temps de sa conversio et ne recogneut plus
les mandemens dudit sieur de Villars : de quoy estant entré
en extrême colère, il l'envoya investir, logeant des troupes
aux environs de sa place qui l'incommoderent de sorte qu'il
fut contraint de recourir au Roy et luy demander secours,
lequel à cette occasion s'achemina promptement à Dieppe et
puis s'en alla loger à sainct Vallery en Caux auquel lieu arriva Monsieur de Belin, de la part de Monsieur du Mayne,
pour luy remonstrer que l'assistance par luy donné au sieur
de Boisrozé, estait vne pure infraction de trève, qui serait
cause de la faire rompre par tout, ce qui ne luy semblait pas
a propos pour pacifier le royaume : mais au contraire la deuait
prolonger encor de trois mois outre les cinq accordez en deux
fois, dautant qu'il luy falloit encor de ce temps pour le voyage
de Monsieur le cardinal de Joyeuse à Rome, et celuy du sieur
de Monspesat en Espagne, avant le retour desquels il ne pouvait pas absolument disposer de luy ; mais le Roy qui se
souvenoit de la depesche du Legat de Plaisance au Pape,
et du beau sermét fait entre ses mains, dont il a esté fait
mention cy-devant, après vous avoir parlé de tout cela à
part, et en plain conseil à quelques autres esquels il se confiait
le plus, il rejetta l'vne et l'autre proposition du sieur de Belin, et s'estant advencé vers Canny, Vallemont, Gonde-ville,
Baulebec et Etretal, il contraignit les troupes du sieur de Villars de se retirer et pourveut aux choses nécessaires pour la
conservation du fort de Fescamp.

## V.

D'après Palma Cayet, Bois-Rosé fut le premier de l'Union qui alla reconnaître le roi à S$^t$-Denis. Après son incroyable exploit de Fécamp, et pendant le siége de treize mois qu'il soutint contre Villars, il apprit la conversion d'Henry IV (1593) et s'empressa de lui offrir ses services et les places de Lillebonne et de Fécamp, qu'il commandait. Le roi, allant à Dieppe vers la fin de l'année, fit lever le blocus du fort Baudouin que continuait toujours Villars, malgré les trêves.

Mais le gouverneur de Normandie s'étant également rendu au roi l'année suivante (26 Mars 1594), il fut stipulé, dans le traité conclu à ce sujet entre Sully, baron de Rosny, et Villars, que le fort de Fécamp serait remis entre les mains de ce dernier. Bois-Rosé ayant appris cette clause, résolut d'en appeler au roi et se mit en route à cet effet, et pendant son voyage il eût une aventure racontée dans les Mémoires de Sully avec une gauloiserie charmante; aussi je ramène le lecteur à ces Mémoires.

CHAPITRE XLIX

*Monsieur de Rosny part de Rouen. — Plaisante rencontre*
*du sieur de Boisrozé. — Arrivée de Monsieur de Rosny*
*à Paris. — Récompense du sieur de Boisrosé.*

La ville de Roüen estant ainsi reduite en l'obéissance du
Roy par vostre moyen, et toute la Normandie rendüe paisible
vous partistes de Roüen et vinstes coucher à Louviers, où le
soir vous eustes vne plaisante rencontre estant à l'hostellerie
de laquelle vous auez bien ry plusieurs fois depuis, et qui
arriva sur vne telle occasion, qui fut que le sieur de Boisrozé
ayant entendu que Roüen, le Havre et les autres villes de la
Ligue en toute la Normandie, s'estaient déclarées pour le service du Roy, et descouvert par le moyen de quelques amis qu'il
avait encor près Monsieur l'Admiral de Villars que par le
traité d'icelle, vous luy auriez accordé que le fort de Fescamp
luy seroit remis entre les mains, ne pouvant supporter qu'vne
Place qu'il s'était acquise avec tant d'industrie de travail et de
péril, et dans laquelle le Roy luy avait tousiours asseuré de le
vouloir maintenir, luy fut ainsi ravie sans aucune récompense,
dont il pust faire asseuré estat, il se résolut de s'en aller à la
Cour pour en faire ses plaintes, supplier le Roy de ne permettre
point qv'vn tel outrage luy fut fait, après avoir rendu vn tant
signalé service à ss Majesté, et y employer tous ses amis entre
lesquels le sieur du Rolet estant des premiers, et de ceux qui
estaient les moins contents de Monsieur de Villars et qu'il se
fust rendu serviteur du Roy ; il s'en vint passer à Louviers
pour le prier d'en escrire au Roy en sa faveur et aux amis

qu'il avait en Cour, et arrivant assez tard il s'en vint pour
loger en l'hostellerie où vous estiez arrivé deux heures auparavant, mais on luy dit qu'il y avait vn grand train logé d'un
seigneur qui s'en alloit à la Cour, lequel estait fort en faveur
près du Roy, sans que l'on luy dit, ny qu'il s'enquit de vostre
nom, et croyant que vous fussiez encor à Roüen, il monta en
vostre chambre, ne vous connaissant point de vüe, et s'imagi-
nant que ce fust quelque autre il vous vint faire la révérence,
et vous dit :

« Monsieur, encor que je ne fois pas peut-estre cogneu
de vous, j'ay neantmoins pris la hardiesse, sçachât que vous
estes bon serviteur du Roy, que vous avez du crédit auprès de
luy et que vous favorisez ceux qui l'ont bien servy, de vous
prier de vouloir m'estre aydât en vne affaire la plus iuste qui
fut iamais, que l'on me veut faire perdre indignement : A quoy
vous sâs le cognoistre ny luy demander son nom, vous luy
diste : Monsieur, i'ay touiours aymé et maintenu les gens de
bien et partant ie vous promets vostre affaire estant telle que
le distes que i'employeray pour vous si peu de crédit que ie
puis avoir auprès du Roy ; à quoy il vous respondit : Monsieur
les principalles de mes plaintes sont contre vn seigneur qu'on
nomme Monsieur de Rosny, qu'au diable soit-il donné, tant
il me fait de mal sans l'avoir en rien offensé, auquel le Roy
ayant donné pouvoir de traitter pour la réduction en son
obeyssance, de toutes les villes qui sont de la Ligue en Normandie, sous ombre qu'il est des anciens amis de Monsieur de
Villars il semble qu'il n'aye songé qu'à le contenter au preju-
dice de qui que ce puisse estre, sans se soucier de plusieurs bons
serviteurs du Roy, au nombre desquels ie suis et m'appelle
Boisrosé, Gouverneur de Fescamp, voire n'a point craint de

s'adresser à Messieurs de Mont-Pensier et de Biron, tant il
abuse de son pouvoir et de la faveur qu'il croit avoir auprez
de son maistre, mais pardieu il en pourrait tant faire mettant
tant de gens au desespoir, qu'il se repentirait, et quelqu'vn
aussi estourdy qu'il sçaurait estre luy en joüirait d'vne, si
l'on ne craignoit d'offenser le Roy; à quoy en riant vous luy
respondiste :

» Monsieur, ie n'estime pas que ce Monsieur de Rosny
dont vous parlez ait rien fait que par le commandement de
son maistre, car il a tousiours affectionné les bons François,
et ne doute point mesme que le Roy à sa solicitation n'ait
pensé à vous donner si bonne récompense que vous aurez sujet de contentement, car vous iugez bien qu'il n'eust pas esté
raisonnable de manquer à conclurre vn traitté de si grande
importance que celuy qu'à manié Monsieur de Rosny, pour
l'interest de quelques particuliers, aussi ay-je appris qu'il a
voulu començer par luy-mesme, et donner exemple aux
autres en quittant l'Abbaye de S. Taurin d'Évreux que le
feu Roy luy avait donée, et m'assure qu'il ne vous aura point
porté de préjudice sans penser à vous en recompenser; de
quoy ie vous oseray quasi respondre, dautant que ie le cog-
nais, voire est tellement de mes amis, que ie luy feray faire
en vostre faveur tout ce qui sera raisonnable; et lors que
nous serons à la Cour, venez m'en parler, et ie vous feray
paroistre que ie suis vostre amy et prise vostre courage :

» Surquoy après quelque remercimens, il se retira fort
content de vous sans sçavoir qui vous estiez, mais estant
descendu en bas et ayant demandé vostre nom à vn de vos
pages, afin de s'addresser à vous en ses affaires il prit vne
telle allarme croyant que vous seriez offencé des propos qu'il

avait tenus et des menaces dont il avait vsé en vostre endroit,
qu'il remonta soudain à cheval, s'en alla loger à vne autre
hostellerie et partit dès la pointe du iour pour aller en Cour
faire luy-mesme ses plaintes au Roy sçachant bien que c'estait vn prince qui escoutait familièrement les doléances d'vn
chacun et sans les renvoyer à ses ministres en comprenoit
les causes et y faisait pourvoir.

„ Vous partistes aussi le mesme iour et vous allastes
coucher à Mante où estait encore Madame votre femme laquelle
vous menastes à Paris ou si tost que vous fustes arrivé vous
allastes trouver le Roy, luy contastes tout ce qui c'estait
passé en la déclaration de Messieurs de Villars, chevalier
d'Oyse, Medauit, la Londe, Haqueville, Roüen, le Havre, et
autre personne de qualité et villes en Normandie, sans en
oublier quasi vne seule particularité ; car il les voulut toutes
sçavoir dont il y eut bien à rire lors que vous luy contastes
ce qui s'estait passé entre vous et le sieur de Bois-Rosé ;
surquoy sa Majesté vous dit, qu'il luy estait venu faire de
grandes plaintes de vous, et le prier de luy vouloir pourvoir
sans le renvoyer à vous : dautant qu'il sçavait bien que vous
estes son ennemy à cause de quelques propos qu'il vous avait
tenus sans vous cognoistre, et partant qu'il vous prioit de
l'envoyer querir, l'asseurer que vous l'aymiez comme vous
faisiez tous les braves courages qui en avoient rendu de si
signalées preuves que luy, et que vous auriez vn soin parti-
culier de ses affaires et de sa personne, ce que vous execu-
tastes dès le lendemain et de si bonne façon, que vous luy
promistes et asseurastes deux mil escus de recompence plus
qu'il ne s'estait attendu, d'avoir vne pension de douze cens
livres, vne place de capitaine apointé, voire le retinstes de-

puis à vostre suite, et luy donnastes vostre lieutenance en l'artillerie au département de Normandie lors que vous fustes grand maistre. »

## VI.

Quelques années après, nous voyons notre héros mener dans son domaine de Bois-Rosé, situé sur Bénarville, à trois lieues de Fécamp, la vie de gentilhomme campagnard, et s'occuper du bien-être de ceux qui l'entourent, comme le prouve la demande qu'il fait aux moines de l'autoriser à bâtir un moulin pour le soulagement de ses vassaux, qui étaient obligés d'aller faire moudre leur grain à plus d'une lieue de leurs habitations.

Bois-Rosé périt victime d'un guet-apens, alors qu'il allait vider en champ-clos une querelle avec un officier. Est-ce à l'instigation de ce dernier qu'il fut assassiné ? C'est fort supposable, quand on songe à la réputation de bravoure qu'il s'était acquise et qui devait inspirer les craintes les plus sérieuses à son adversaire.

Henry Goustimesnil de Bois-Rosé mourut sans postérité. Il légua sa fortune à son neveu, Charles-Raoul de Goustimesnil, sieur de Pellemare. (1)

---

(1) César Marette, *Esquisses Historiques sur Fécamp.*

Le domaine de Bois-Rosé est toujours resté la propriété de la famille, qui le possède encore. Il ne reste du château-fort qu'une tour qui date du XVIe siècle et un colombier de la même époque.

La veuve du dernier des Bois-Rosé est morte à Rouen le 18 Mars 1876, à l'âge de 88 ans. Mme de Bois-Rosé jouissait, malgré son grand âge, d'une mémoire admirable ; et un des membres de la famille m'a dit qu'il l'avait souvent entendue en raconter les traditions.

Pour perpétuer le souvenir du héros normand, on a donné son nom à un hameau qui existe depuis quelques années sur la commune de Bénarville.

J'aimerais à voir un de ces beaux terre-neuviers de Fécamp porter le nom de Bois-Rosé, et arborer à son avant le buste du héros, comme cela existait il y a quelque trente ans.

La ville de Fécamp a simplement attaché le nom de Bois-Rosé à une de ses rues ; mais elle doit plus à la mémoire d'un homme qui l'a illustrée. Elle pourrait glorifier l'un par l'autre deux noms dont elle peut être fière à juste titre, en confiant le travail d'un monument commémoratif au magistral ciseau d'un de ses enfants, le sculpteur François Devaux.

Nous espérons aussi voir Rouen baptiser une des

rues nouvelles qui vont s'ouvrir sur la côte Ste-Catherine du nom trop peu connu du vaillant capitaine dont le pied a si souvent gravi la pente ardue qui menait au fort.

Jne GUEROULT

(née GRAFF).